Notice
sur les Travaux
de M. Civiale.

—

P. 1843.

Te 97
192

NOTICE

SUR

LES TRAVAUX DE M. CIVIALE.

Le but de cette notice est : 1° d'indiquer la valeur de la lithotritie et les résultats qu'on en obtient ; 2° d'exposer sommairement les nombreuses et, j'ose le dire, les importantes améliorations que l'application de cette nouvelle méthode a introduites en chirurgie.

§ I.

L'art de broyer la pierre date à peine de vingt années, et dans ce peu de temps il a parcouru les phases diverses d'invention, d'opposition, de perfectionnement et de succès final, que toute découverte doit subir. Grâce à l'appui qu'il a trouvé dans l'Académie des sciences, et à l'immense amélioration qu'il apportait dans le traitement d'une des plus cruelles infirmités de l'organisation humaine, cet art s'est développé avec une rapidité sans exemple. En chirurgie, en effet, les opinions nouvelles s'établissent avec beaucoup de difficulté, et chaque résultat tendant à modifier, à agrandir les idées admises, est pour ainsi dire étouffé par les discussions que la rivalité soulève.

1843

1.

Les débats que l'établissement de la lithotritie a fait naître ont eu ce caractère tout particulièrement. Cependant l'innovation est sortie victorieuse d'une des luttes les plus acharnées dont les annales des sciences aient conservé le souvenir. Ni les attaques habilement calculées de la prévention ou de la rivalité, ni le zèle aveugle de l'enthousiasme, ne l'ont empêchée de prendre le rang auquel elle a droit.

La lithotritie et son auteur ont été spécialement soutenus dans ces longs débats par le puissant patronage de l'Académie des sciences et par les résultats cliniques.

Les faits pratiques ont ici plus de portée que dans toute autre branche de l'art de guérir. La raison en est que chaque cas peut être déterminé avec précision, et que personne n'a besoin de connaissances spéciales pour constater immédiatement le bienfait du traitement. Un malade est atteint de la pierre; on l'opère, il rend les débris du calcul avec peu de douleur et sans accidens graves; les explorations les plus minutieuses prouvent ensuite que la vessie ne conserve plus aucune trace du corps étranger; toute souffrance a cessé, la santé renaît, et elle se soutient. Voilà ce que chacun peut voir et apprécier.

Cependant, on voulut, à l'origine, rester dans le doute. Tant de scepticisme, quand il suffisait de voir, devait nécessairement surprendre. Mais, heureusement l'Académie était là, qui pouvait juger souverainement, et avec plus d'indépendance. Une Commission désignée par elle, en 1824, examina les instrumens, suivit les manipulations, en vit l'application sur le cadavre et les animaux; puis enfin, après avoir assisté à trois opérations, *faites pour la première fois sur l'homme vivant, et suivies de succès*, elle reconnut, proclama sans hésiter la portée de la nouvelle méthode, qu'elle déclara *devoir faire époque dans l'art de guérir*. L'Académie se prononçait ainsi sur des faits dont elle avait été témoin, et à l'égard desquels elle ne craignait ni l'exagération, ni les fausses interprétations; elle exposait tout simplement ce qui s'était passé sous ses yeux.

Ce que la Commission de l'Académie fit pour mes premières applications de la lithotritie, je l'ai accompli pour les résultats ultérieurs: A l'exception d'un petit nombre de cas, dans lesquels les détails m'ont paru nécessaires pour indiquer des particularités qui intéressent le praticien, je me suis contenté d'un exposé sommaire, en évitant toutes les dissertations oiseuses.

Les faits que j'ai recueillis durant une pratique de dix-huit années sont assez nombreux pour embrasser toutes les phases de l'affection calculeuse et toutes les particularités que celle-ci est susceptible d'offrir dans le cours du traitement. Je les classe en deux séries distinctes, séparées par l'année 1836. Ceux qui appartiennent à la première ont été presque tous obtenus par l'emploi des instrumens et des procédés mentionnés dans le Rapport de la Commission de 1824; ceux qui rentrent dans la seconde l'ont été par l'emploi simultané ou successif du trilabe et du lithoclaste. Les cas de la première série ont été exposés dans mon *Traité de la lithotritie*, dans mes *Lettres* sur le même sujet, et dans le *Parallèle* des divers moyens de traiter les calculeux. Ils sont tous réunis dans un grand travail de statistique que j'ai mis sous les yeux de l'Académie, et publié, par extrait, dans mon *Traité de l'affection calculeuse*, avec cinquante nouveaux cas, ce qui forme un total de trois cent sept malades que j'ai opérés par la lithotritie, entre les années 1824 et 1836. Sur ce nombre, sept ont succombé, trois n'ont obtenu qu'une guérison incomplète, et chez un le résultat n'a point été noté avec exactitude. J'ai donné la liste nominative de ces malades, avec toutes les indications nécessaires pour rendre, au besoin, une vérification possible. Cette précaution m'avait paru indispensable. D'ailleurs, j'avais présenté mon travail à l'Académie : une Commission était chargée de l'examiner, et il fallait qu'elle y trouvât tous les élémens de conviction dont elle avait besoin.

Depuis 1836, j'ai opéré par la lithotritie cent quatre-vingt-onze malades nouveaux. Sur ce nombre, il y a eu neuf morts et quatre guérisons incomplètes. En tout, quatre cent quatre-vingt-dix-huit calculeux que j'ai personnellement soustraits à l'opération de la taille. Je ferai pour la deuxième catégorie de ceux que j'ai opérés ce que j'ai fait pour la première. La liste nominative en sera présentée dans un nouveau travail dont je m'occupe actuellement. En outre, soixante-et-un malades se sont présentés soit à l'hôpital, soit dans ma pratique particulière, qui, ne se trouvant pas dans des conditions à pouvoir être utilement traités par la lithotritie, ont dû recourir à la taille ou garder leur pierre.

Du rapprochement de ces résultats découle d'abord un fait important. C'est qu'aujourd'hui la nouvelle méthode est applicable aux deux tiers des calculeux, ce qui n'avait pas lieu il y a quelques années. Ce fait constate, à-la-fois, un progrès de l'art et une modification heureuse dans les idées des malades. L'art, plus exercé, plus sûr de lui-même, peut maintenant attaquer des cas que la prudence prescrivait autrefois d'abandonner. De leur côté, les malades commencent à comprendre que, pour se faire opérer, il ne faut pas attendre que la pierre soit volumineuse et la santé ruinée; car alors les ressources deviennent trop généralement impuissantes, tandis qu'au début de la maladie, la lithotritie est toujours applicable et réussit constamment.

Par une conséquence nécessaire de cette plus grande étendue d'application, la proportion de la mortalité est devenue plus forte dans la seconde série que dans la première : $\frac{1}{19}$ au lieu de $\frac{4}{43}$. A juger d'après la seule comparaison des chiffres, ce contraste paraîtrait d'autant plus remarquable qu'il semble en opposition avec ce qu'on devait naturellement attendre des perfectionnemens apportés à l'art de broyer la pierre. Je ne puis donc me dispenser de présenter quelques remarques à son sujet.

Lorsqu'il fut question d'établir la lithotritie, je compris très bien que les destinées de cette méthode étaient attachées aux résultats heureux ou malheureux de mes opérations. Il fallait donc, pour assurer ces résultats, redoubler de soins et de précautions, spécialement en ce qui concerne le choix des cas. Or, voici comment je procédai. Il est constaté que la lithotritie, appliquée à des cas favorables, dont

les caractères sont connus, réussit toujours, quand on suit les règle
tracées. Au début de ma pratique, je me suis astreint à ne l'entre-
prendre que dans des cas de ce genre. Il n'y avait plus alors à re-
douter que les accidens fortuits, dont le praticien ne peut pas toujours prévoir l'invasion, mais qui sont rares lorsqu'on écarte les circonstances propres à les faire présager. Par là, sans doute, on était
exposé à refuser les secours de la lithotritie à des malades qui, peut-
être, eussent guéri plus sûrement par cette méthode que par la taille;
mais il s'agissait du sort d'une opération sur le compte de laquelle on
n'aurait pas manqué de mettre des événemens qui auraient dépendu
uniquement du mauvais choix des sujets. Des succès seuls pouvaient
imposer silence à une opposition devenue chaque jour plus mena-
çante, et je me félicite d'avoir agi avec cette prudence, puisqu'au-
trement j'aurais compromis l'avenir de l'art. Voilà pourquoi, dans
les premiers temps, je n'opérais guère que la moitié des malades qui
se présentaient à moi.

Aujourd'hui, la nouvelle méthode est jugée. Elle ne peut plus
perdre la position qu'elle a acquise. Les devoirs du chirurgien ne sont
donc plus les mêmes. L'humanité lui commande de recourir à l'opération qui offre le plus de chances de sauver le malade; et ici, dans plusieurs cas, la lithotritie, sans promettre un résultat certain, permet cependant, beaucoup plus que la cystotomie, de compter sur le
succès. C'est donc à elle qu'on doit maintenant recourir, lorsque l'application en est possible, et toutes les fois qu'elle réunit une plus grande
masse de probabilités. Mais on comprend que l'opération étant pra-
tiquée dans des cas douteux doit donner une proportion de mortalité
plus forte, et entraîner des accidens inconnus jusque-là.

La réserve que j'ai apportée dans mes premières opérations ne
paraît pas avoir été comprise par ceux qui ont essayé d'apprécier les
résultats de ma pratique, et l'on a tiré des objections contre elle de
ces succès mêmes que j'avais dus à ma prudence. Ainsi l'on a voulu
considérer comme incroyable la faible proportion de mortalité
qu'elle présente, comparativement à ce qu'on a coutume de voir dans

le traitement des calculeux par les anciennes méthodes. Puis d'autres personnes, qui ont essayé de pratiquer la lithotritie, n'ayant pas obtenu les mêmes succès, on a déclaré ces résultats fabuleux. Je n'aurai pas de peine à démontrer qu'on s'est étrangement trompé dans ces deux inductions, et un seul exemple suffira pour cela.

Deux Rapports faits à l'Académie, par MM. Double et Larrey, sur le traitement des calculeux à l'hôpital Necker, devinrent le sujet d'interprétations d'où l'on prétendait induire que le tiers des malades aurait succombé par suite de l'application de la lithotritie. Les honorables Académiciens protestèrent contre un système qui dénaturait leur pensée, dans le Rapport qu'ils firent sur mes Recherches de statistique, postérieurement à ceux qu'on avait ainsi travestis. En résumant tous les faits de lithotritie tirés de ma pratique, tant à l'hôpital qu'en ville, de 1824 à 1832, MM. Double et Larrey déclarèrent formellement que je n'avais même pas perdu 1 malade sur 42 opérés. « Les tableaux de « M. Civiale, disent-ils, portent un total de 257 malades opérés par « la lithotritie, et parmi lesquels il n'y a eu que 6 morts; encore, sur « ce nombre, à peine s'il y avait deux ou trois individus avant l'âge « de quatorze ans : ce qui ne donne pas 1 mort sur 42 opérés. » Telle était la proportion de la mortalité après ma méthode, proportion constatée par l'Académie, sur le Rapport d'une Commission composée de Dupuytren, Poisson, Larrey, Dulong et Double.

D'autres actes de l'Académie n'ont pas été moins inexactement interprétés, en ce qui concerne mes travaux. On se rappelle qu'en 1824, l'Académie, sur le Rapport d'une Commission spéciale, donna à la lithotritie les noms de *méthode Civiale, découverte Civiale*. Depuis 1825 jusqu'en 1831, les personnes que ces appellations contrariaient n'ont pas cessé de torturer les Rapports des Commissions pour les prix Montyon, et à force de commentaires, d'interprétations forcées et d'omissions volontaires, elles ont cru trouver dans ces Rapports quelques mots favorables à leurs prétentions. De là des discussions sans fin, auxquelles ne pouvaient prendre part ni l'Académie, ni les Rappor-

teurs des Commissions dont on traduisait ainsi les paroles. Mais quand le moment opportun se présenta, il fut saisi avec empressement. Le 10 juin 1833, postérieurement aux rapports faussement interprétés des Commissions pour les prix Montyon, l'Académie déclara, par l'organe d'une Commission composée de MM. Boyer, Larrey et Double, que j'étais le véritable auteur de la lithotritie. Voici ce qu'on lit dans le Rapport : « La structure et la dilatabilité
« de l'urètre, constatées de temps immémorial ; la connaissance
« et l'emploi des sondes droites remontant assez loin pour qu'il
« soit difficile d'en assigner l'origine véritable ; l'usage de pinces
« à formes variées pour aller chercher les calculs dans la ves-
« sie, ainsi qu'on avait commencé de le pratiquer à cette époque si
« mémorable dans l'histoire de l'esprit humain, la renaissance ; l'i-
« dée exprimée et la tentative exécutée plusieurs fois, et dans des
« temps reculés, de perforer, de limer, de broyer la pierre dans la
« vessie, afin d'en faciliter l'extraction ; tous ces progrès graduelle-
« ment obtenus conduisaient d'une manière assez naturelle à la li-
« thotritie. Faut-il s'étonner à présent que la pensée de ce procédé
« soit venue simultanément à plusieurs hommes de l'art ? Est-il
« surprenant aussi que l'un d'eux ait marché plus vite vers le but et
« l'ait plus vite atteint ? L'esprit humain ne procède guère autre-
« ment, et M. Civiale, qui a régularisé, achevé cette découverte, au-
« quel reste surtout l'avantage de l'avoir mise en toute valeur, en
« pleine pratique, nous paraît devoir en être déclaré le véritable au-
« teur. Après dix années consécutives de recherches, d'expériences
« et d'observations, l'Académie est heureuse de pouvoir répéter et
« confirmer derechef ce qu'elle avançait, en mars 1824, par la
« bouche de ses illustres rapporteurs, Chaussier et Percy. » Or, en 1824, la lithotritie avait été déclarée *glorieuse pour la chirurgie française, honorable pour son auteur et consolante pour l'humanité ;* et l'auteur désigné par Chaussier et Percy, était M. Civiale.

Ainsi, à l'égard des faits pratiques, et pour ce qui concerne mes droits au sujet de la lithotritie, l'Académie n'a cessé de faire tout ce qui était en son pouvoir. Après avoir donné mon nom à cette découverte, dans son application sur l'homme vivant, elle m'a décerné le grand prix de la fondation Montyon; et par ses actes ultérieurs elle a déclaré mal fondées les prétentions qu'on élevait contre mes droits de priorité, en même temps qu'elle a proclamé l'exactitude des résultats de mes opérations.

Mais la découverte de la lithotritie n'a pas eu pour unique résultat de remplacer une opération aussi effrayante dans ses conséquences que dans ses apprêts et son exécution, par une autre opération simple, sûre, peu douloureuse, et exempte d'accidens, de dangers, lors-qu'on la tient circonscrite dans ses véritables limites. Elle a conduit aussi à étudier avec plus de soin les maladies de l'appareil génito-urinaire, à les explorer plus sûrement, à les traiter avec plus de suc-cès; et la réaction qu'elle a exercée sur cette partie importante de la chirurgie, n'est pas un des moindres services qu'elle ait rendus.

Au premier abord, on éprouve quelque surprise de ce qu'une in-vention, en apparence particulière et isolée, ait pu exercer une in-fluence si étendue. Le fait semble même d'autant plus extraordinaire, qu'il est pour ainsi dire unique. Mais l'étonnement cesse dès qu'on recherche quelle est, en médecine, la véritable portée des *spécialités*.

A entendre ceux qui ont récemment donné une nouvelle accep-tion au mot de *spécialité*, et qui, pour compléter leur système, ont créé en même temps celui de *spécialiste*, ces deux termes implique-raient l'idée de l'exploitation routinière à laquelle se livrent une foule de renoueurs, bandagistes, dentistes, oculistes, etc., presque tous étrangers à l'ensemble des connaissances qui constituent l'art de guérir, et la plupart exclusivement voués à l'espèce d'industrie qu'ils exercent. En procédant de la sorte, on peut bien devenir un méca-nicien adroit, même un artiste habile; mais tout au plus arrive-t-on à de petits perfectionnemens des instrumens, des appareils ou des procédés que le génie chirurgical a imaginés, et les faits importans sur la trace desquels on est quelquefois mis par hasard, ne pro-fitent point à la science, car aucun lien rationnel ne les rattache aux lois générales de l'organisme.

Ce n'est pas de ce point de vue limité qu'il faut envisager la *spécialité scientifique*. En médecine, comme dans les autres sciences dont
l'étendue ne permet pas à un seul homme d'en cultiver toutes les parties avec la même assiduité, la spécialité bien entendue suppose que
celui qui s'y livre, faisant converger vers un seul point les connaissances qu'il a acquises dans les diverses branches de son art, compare
les faits généraux de la science avec les faits particuliers qu'il observe, et arrive ainsi à pouvoir approfondir toutes les questions
qu'embrasse le sujet dont il a fait choix. Elle suppose que, renver-
sant ensuite, pour ainsi dire, son plan, il applique aux autres parties
de l'art de guérir les vérités qu'il a trouvées.

C'est ainsi que j'ai procédé. Les résultats que j'ai obtenus ne
surprendront ni les praticiens éclairés qui ont étudié la constitution
de l'homme dans son ensemble, ni les esprits intelligens qui ont sé-
rieusement réfléchi sur les caractères de l'organisation. Les êtres vi-
vans ne sont pas simples, mais complexes. Les parties qui les com-
posent n'existent pas isolément, mais simultanément. Elles réagissent
sans cesse les unes sur les autres; et les altérations qu'une d'entre elles
éprouve se propagent souvent à celles qui en sont le plus éloignées,
ou qui en paraissent le plus indépendantes. C'est pourquoi ce serait
aujourd'hui une idée fort en arrière de l'état général des sciences,
que de vouloir traiter les maladies propres à un système d'organes
sans avoir égard aux relations de ce système avec tous les autres,
sans scruter avec soin les influences lointaines qui dérivent de ces
connexions. En observant avec une attention minutieuse les détails
locaux des lésions que j'étudiais spécialement, j'ai toujours eu les
yeux ouverts sur les causes distantes dont elles pouvaient dépendre,
et sur les effets des rapports existans entre nos organes. C'est
en procédant de la sorte que j'ai recueilli une masse considérable de
faits complets.

Il est vrai que ceux qui s'adonnent, comme je l'ai fait, à étudier
profondément les affections spéciales d'un système d'organes, en y
faisant concourir toutes les connaissances acquises dans l'art de gué-

rir, s'exposent à être mal appréciés, non par le public, qui suppose généralement qu'on connaît d'autant mieux une chose qu'on s'en est plus occupé, mais par le préjugé professionnel qui, résistant au mouvement de subdivision que l'extension de toute science amène, préfère encore l'apparence d'une généralité idéale à la supériorité réelle que peut donner un travail persévérant, constamment continué sur le même sujet.

Heureusement les hommes les plus distingués dans la médecine et la chirurgie, ceux qui ont fait sortir d'une grande pratique, non pas seulement des succès personnels, mais des procédés et des méthodes, et qui ont étendu le pouvoir de l'art au profit de tous, nous ont donné d'autres exemples. Ici je n'éprouve que l'embarras du choix pour faire quelques citations; car, dans tous les temps, il s'est trouvé des hommes qui, bien que pratiquant et même professant, quand c'était leur devoir, toutes les parties de la médecine ou de la chirurgie, n'ont pas négligé les études spéciales. C'est même par les résultats de ces études que leurs ouvrages se font remarquer, bien qu'ils y soient quelquefois noyés au milieu de volumineuses compilations. C'est surtout par des travaux spéciaux que Desault, Scarpa, Cooper, Bell, Dupuytren, et tant d'autres, ont marqué leur passage. C'est aussi à des travaux de cette nature que sont dus les derniers perfectionnemens dont l'art s'est enrichi, la staphyloraphie, l'autoplastie, la ténotomie, l'histoire des tumeurs, celle des maladies de l'œil et de l'oreille, etc. Mais, je le répète, il faut qu'on se persuade bien que de tels résultats n'ont été obtenus qu'à l'aide d'une persévérance infatigable, dirigée long-temps, si ce n'est toujours, vers un même but.

L'extension que prennent chaque jour les sciences médicales fait d'ailleurs un devoir d'établir des divisions, non-seulement entre la médecine et la chirurgie, mais encore dans chacune de ces deux grandes branches : il n'y a pas d'esprit assez vaste aujourd'hui pour les posséder toutes au même degré, sous le double point de vue de la théorie et de la pratique.

Quelques-unes de ces subdivisions sont assez restreintes pour permettre à l'observateur de porter successivement son attention sur des sujets divers; d'autres, dont l'étendue n'avait pas été entièrement calculée, exigent des travaux plus grands, comme plus variés. C'est ainsi qu'en m'attachant surtout à l'étude assidue des affections d'un système d'organes, j'ai vu s'ouvrir devant moi un champ dont on comprendra l'immensité, si l'on veut bien remarquer que Chopart et Deschamps, deux des illustrations de la chirurgie française, n'en ont pas embrassé chacun plus de la moitié, et que, sans pouvoir me flatter de l'avoir épuisé, j'y ai recueilli les matériaux de sept volumes.

Je signalerai surtout ici l'influence que mes travaux sur la lithotritie ont exercée à l'égard du diagnostic et du traitement des maladies qui affectent en général l'appareil génito-urinaire.

Les moyens d'exploration jadis usités laissaient beaucoup à désirer, et même, dans une foule de cas, étaient absolument inutiles. Les instrumens de la lithotritie ont corrigé ces vices du cathétérisme ordinaire, et procuré aux explorations vésicales une précision dont le diagnostic retire les plus grands avantages.

En second lieu, pour établir la lithotritie et en régulariser l'application, il avait fallu de nombreuses expériences. Ces préliminaires indispensables ont conduit à des notions plus exactes sur l'état normal de la vessie et de l'urètre, sur le degré de sensibilité et de contractilité de ces parties, enfin sur les états morbides dont elles peuvent être atteintes. Parmi ces dernières altérations, plusieurs étaient demeurées inconnues jusqu'alors.

Après ces réflexions générales, je passe à l'énumération rapide des principaux changemens qui se sont opérés, sous l'influence de la lithotritie, dans le traitement des maladies propres au système d'organes auxquels elle s'applique.

§ II.

I. *Rétrécissemens urétraux.* — On avait émis des opinions plus que hasardées sur le siége, la nature, l'étendue, la consistance des rétrécissemens urétraux, et l'on était parti de là pour propager des moyens de guérison qui ne réussissaient pas.

Les recherches anatomiques auxquelles je me suis livré dans la vue de déterminer le diamètre et la direction de l'urètre, et par suite le volume des instrumens qui devaient traverser ce canal pour aller détruire la pierre dans la vessie, m'ont conduit à découvrir qu'il n'a pas partout la même structure ni le même diamètre, que ses parois ne sont pas également dilatables dans tous les points, et que les courbures qu'il décrit ne sont pas telles qu'on les avait indiquées.

Ces notions m'ont conduit à faire successivement une série de recherches d'anatomie pathologique, dont le résultat final a été de démontrer :

1° Que les rétrécissemens diffèrent suivant le lieu qu'ils occupent, qu'ils sont plus durs, moins dilatables dans la partie mobile; mais que d'ailleurs leur dureté, leur degré de dilatabilité diffèrent selon l'ancienneté de la maladie;

2° Qu'ils ne dépendent pas, comme on l'avait dit, d'une production accidentelle développée à la face interne du canal, dont le calibre serait par là diminué, mais qu'ils ont leur siége dans l'épaisseur même des parois recouvertes par la membrane muqueuse, et que, sur toute leur étendue, cette dernière ne diffère pas sensiblement de ce qu'elle est dans les portions saines du conduit;

3° Que la partie membraneuse de l'urètre, considérée jusqu'à ce jour comme le siége principal des rétrécissemens, n'en offre presque jamais, et qu'on n'en rencontre pas non plus de véritables au col de la vessie, comme le pensent encore des chirurgiens fort distingués;

4° Que les symptômes les plus constans, autres que les difficultés d'uriner qu'on leur attribue, dépendent spécialement des altérations survenues dans la partie du canal située derrière la coarctation.

Ces données, dont l'exactitude est à l'abri de toute contestation, ont fait découvrir de nombreuses et graves erreurs dans le diagnostic et le traitement des rétrécissemens urétraux.

Eu égard au diagnostic, j'ai démontré :

1° Que les phénomènes morbides d'après lesquels on se guidait trompent souvent; que les difficultés d'uriner et la rétention d'urine, données comme signes pathognomoniques, dépendent autant de l'atonie de la vessie et des lésions organiques du col de ce viscère que du rétrécissement lui-même : j'ai indiqué les moyens de distinguer ce qui, dans ces symptômes, appartient à la coarctation et ce qui doit être attribué à d'autres causes;

2° Que la sensibilité de l'urètre à l'endroit rétréci et l'écoulement urétral n'ont pas l'importance diagnostique qu'on leur attribue généralement;

3° Que les moyens d'exploration usités pour reconnaître les rétrécissemens, en mesurer la longueur, en déterminer la dureté, manquent d'exactitude, et qu'en se bornant à y recourir, comme le font la plupart des praticiens, on s'expose à commettre les plus graves méprises.

En ce qui concerne le traitement :

C'est par la dilatation permanente qu'on traitait la plupart des rétrécissemens urétraux. Cette méthode ne procurait guère que des guérisons momentanées, et l'on n'avait trouvé aucun moyen de prévenir la récidive.

Les parois de l'urètre jouissent d'une élasticité qui joue un grand rôle dans les fonctions du conduit, et qui se trouve détruite par le fait des coarctations organiques. C'est surtout parce qu'on n'avait jamais songé à la rétablir, que les récidives étaient si fréquentes.

Mes travaux préliminaires sur la lithotritie, l'introduction répétée chaque jour des instrumens, et l'examen des phénomènes qui succèdent à l'expulsion des fragmens calculeux, m'ont mis à même d'apprécier les effets de cette élasticité, et aussi de déterminer quels sont les points du canal qui offrent le plus de résistance. De là l'idée de changer et le mode de la dilatation, et les moyens de l'opérer.

A la dilatation permanente au moyen des sondes à demeure, j'ai substitué la dilatation temporaire par l'emploi des bougies molles, introduites tous les jours ou tous les deux jours, et chaque fois laissées en place de cinq à dix minutes. En procédant ainsi, non-seulement je détruis la coarctation, mais encore je rétablis l'urètre dans ses conditions normales d'élasticité, et la guérison obtenue se soutient parfaitement. Cette méthode a, en outre, l'avantage d'être d'une application facile, d'occasionner peu de douleurs, de ne point fatiguer les malades, de ne pas exiger qu'ils interrompent leurs occupations, et de ne les exposer à aucune des graves conséquences qu'entraîne parfois la dilatation permanente.

Un fait important avait été entrevu par mes prédécesseurs : l'empreinte que les coarctations urétrales font sur les bougies molles. J'ai étudié avec soin ce phénomène, qui est aujourd'hui le guide le plus sûr dans le traitement des rétrécissemens de l'urètre, dont nul autre moyen ne fait aussi bien connaître la nature, la forme, l'étendue et le nombre. En comparant les empreintes que rapportent les diverses bougies successivement introduites, on apprécie, d'après leur profondeur, et le degré de contractilité du point rétréci et les progrès de la guérison. On parvient ainsi à distinguer les cas où l'on peut se hâter, et ceux où il faut ralentir la marche du traitement, de sorte qu'on n'a point à craindre les accidens qui manquent rarement de surgir lorsqu'on ne possède pas ces données.

Quant à la méthode par les caustiques, la pratique m'avait déjà conduit à la proscrire. Les recherches que j'ai faites récemment dans les musées de Londres ont achevé de me convaincre que la cautérisation est au moins presque toujours inutile, quand elle ne devient pas nuisible. La prudence fait d'ailleurs un devoir de renoncer à tous les moyens violens que des chirurgiens trop entreprenans ont conseillés comme méthode générale de traiter les rétrécissemens urétraux.

Ainsi, les études anatomiques et les travaux préliminaires sur la lithotritie ont été l'origine des changemens importans introduits dans ce qui a trait à l'histoire si vague, si compliquée et même si obscure, des rétrécissemens urétraux. Les observations faites par suite de l'application de cette méthode, en confirmant les expériences directes, ont mis à même d'apprécier des faits qui avaient échappé; et toutes ces notions, aidées ensuite des données qu'a fournies l'anatomie pathologique, ont opéré la réforme dont j'ai posé les bases dans un mémoire lu à l'Académie en mai 1837, dans le premier volume de mon Traité pratique publié en 1837, dans un mémoire présenté à l'Académie en août 1842, et dans la nouvelle édition de mon Traité pratique, que je viens de publier.

II. *Spasme et névralgie du col de la vessie.* — La lithotritie exigeant des introductions fréquentes d'instrumens dans la vessie, j'arrivai bientôt à reconnaître que le col de cet organe n'oppose pas toujours la même résistance. Il fallait rechercher la source de cette différence. Je reconnus qu'elle pouvait tenir à deux ordres de causes; soit à l'existence d'un état phlegmasique ancien, ou plutôt des suites qu'il entraîne; soit à des états morbides donnant lieu à des désordres analogues, bien qu'il n'y ait cependant ni travail inflammatoire, ni lésion organique appréciable. Les moyens d'exploration fournis par la lithotritie m'ont permis d'arriver à distinguer nettement ces deux séries de cas, à les distinguer aussi de plusieurs autres maladies avec lesquelles on les avait confondus. Le diagnostic une fois bien établi, j'ai été conduit à des méthodes de traitement, tantôt curatives, tantôt seulement palliatives, dont l'expérience a constaté l'utilité. J'ai surtout éclairci l'un des points jusqu'alors les plus embarrassans de la pratique, la coexistence des lésions organiques et des états névralgiques, et fait connaître la marche à suivre en pareil cas pour rendre au moins supportable l'état du malade, dont on ne peut rétablir entièrement la santé.

Mes premières recherches à ce sujet furent soumises à l'Académie en septembre 1834. Je les ai poursuivies depuis avec persévérance, et j'en ai consigné les résultats dans le premier et le second volume de mon Traité pratique.

L'étude des états nerveux du col vésical m'a mis sur la voie d'une nouvelle théorie de l'excrétion de l'urine, que j'ai exposée dans le premier volume du même ouvrage. En montrant que les reins jouent ici un grand rôle par l'action expulsive qu'ils exercent, j'ai pu rendre compte des principaux phénomènes qui accompagnent la rétention d'urine, et qui jusque-là semblaient inintelligibles. D'un autre côté, je suis arrivé par la même voie à démontrer que les lésions rénales, auxquelles des hommes fort éclairés attribuent encore aujourd'hui un caractère idiopathique, ne sont dans le plus grand nombre de cas qu'une conséquence des troubles fonctionnels de la vessie. On comprend qu'il suffisait d'avoir constaté ce fait important pour adopter une pratique fort opposée à celle qui était généralement en usage. J'ai fait voir dans le troisième volume de mon Traité pratique, que j'ai obtenu par là des résultats très satisfaisans.

III. *Maladies de la prostate.* — Les lésions de la prostate, surtout anciennes, sont les plus graves et les plus opiniâtres dont l'homme puisse être atteint.

Jusqu'à ces derniers temps, les moyens d'exploration usités laissaient dans l'incertitude, non sur l'existence de la lésion prostatique elle-même, mais sur son degré de développement, la forme de la tumeur qui en résulte, le nombre, le mode et l'étendue des déviations qu'elle imprime à la partie profonde de l'urètre et au col vésical. De là tant de difficultés du cathétérisme ; de là tant d'accidens, d'éraillures, de déchirures, de fausses routes, qui résultent de son emploi. On connaissait bien ces tristes effets, mais on ne pouvait ni les éviter, ni les prévenir.

Dans l'application de la lithotritie, les maladies de la prostate jouent un grand rôle, en ce qui concerne l'introduction des instrumens, la manœuvre pour saisir et morceler la pierre, et l'expulsion des débris calculeux. Je ne pouvais donc me dispenser d'étudier avec soin ces affections, d'ailleurs si communes, que, depuis 1824, il ne s'est point passé un seul jour sans que j'aie eu l'occasion de les observer. Par là j'ai été conduit à déterminer les changemens divers qu'elles impriment à la partie prostatique de l'urètre, à modifier la courbure des sondes et des instrumens qui doivent pénétrer dans la vessie, enfin à établir un procédé opératoire qui écarte la plupart des difficultés et des dangers, soit du cathétérisme simple, soit de l'introduction des instrumens lithotriteurs.

J'ai développé ces divers points de doctrine dans les Démonstrations que je fais chaque année à l'hôpital Necker, depuis 1829, ainsi que dans deux Mémoires que j'ai présentés à l'Académie en 1841, et qui sont imprimés dans le second volume de mon *Traité pratique.*

Ce dernier ouvrage offre un résumé des faits nombreux que j'ai recueillis durant une période de dix-huit années. J'ai tout lieu de supposer que si l'on avait pris la peine de lire avec attention les recherches dont j'entretiens depuis long-temps le public dans mes Conférences cliniques, on n'aurait point élevé à ce sujet, contre moi, des prétentions d'antériorité.

C'était beaucoup déjà que de pouvoir pénétrer dans la vessie sans s'exposer à produire de graves désordres ; mais il restait à déterminer l'espèce de la lésion dans chaque cas donné, à savoir lequel des deux lobes latéraux ou du corps de la prostate était tuméfié, à distinguer la forme, le volume de la tumeur, et l'espèce de déviation qu'elle a produite. Le diagnostic offre certainement encore des incertitudes sous ces divers rapports ; toutefois j'ai indiqué, dans mon *Traité pratique*, des procédés à l'aide desquels on obtient des indices beaucoup plus précis que ceux qu'on pouvait se procurer avant la découverte de la lithotritie.

Il en est de même pour ce qui concerne la distinction à établir entre les tumeurs prostatiques et les fongus. Les fongus, qui peuvent naître et se développer dans l'intérieur de la vessie, ou à l'orifice interne de l'urètre, étaient presque toujours méconnus autrefois pendant la vie : ce n'est qu'en pratiquant la taille qu'on était parvenu à les constater, et l'on n'avait aucune idée des phénomènes morbides déterminés par eux, phénomènes qu'on attribuait vaguement à une foule d'autres causes. A l'aide de mes instrumens lithotriteurs je suis parvenu non-seulement à reconnaître l'existence de ces tumeurs, mais encore à les attaquer, à les détruire. En 1834, j'ai présenté à l'Académie un mémoire contenant la relation de faits décisifs, mais déjà anciens. Plusieurs fois depuis j'ai appelé l'attention des praticiens sur ce sujet, que j'ai examiné d'une manière spéciale dans un autre Mémoire présenté en 1841 à l'Académie, et imprimé dans le troisième volume de mon *Traité pratique.*

Le cancer de la vessie était également confondu, soit avec d'autres états morbides du viscère, soit surtout avec les lésions de la prostate. Dans un Mémoire présenté à l'Académie en 1841, et qui fait partie du troisième volume de mon *Traité pratique,* j'ai donné les détails de quelques faits nouveaux, et apprécié ceux que les auteurs nous ont transmis. Ces recherches m'ont conduit à rectifier diverses erreurs, et à indiquer des moyens avec le secours desquels on peut arriver à un diagnostic plus précis. Si, en s'éclairant ainsi, le praticien n'acquiert rien sous le point de vue thérapeutique, puisque la maladie est incurable, du moins est-il conduit à s'abstenir de tourmenter inutilement les malheureux malades.

IV. *Rétention d'urine.* — On s'est beaucoup occupé de la rétention d'urine, mais d'une manière purement empirique ; car même encore aujourd'hui, dans les meilleurs écrits, elle est considérée comme une maladie pour ainsi dire essentielle, et l'on n'attribue aux lésions qui la déterminent que le caractère de simples causes. J'ai démontré qu'elle n'est jamais qu'un symptôme, et en même temps j'ai indiqué le traitement qu'on doit mettre en usage dans chaque cas particulier.

Il existait surtout une lacune importante, tenant à ce qu'on n'avait

pas distingué l'une de l'autre la rétention et la stagnation de l'urine
dans la vessie. Cependant ces deux états diffèrent beaucoup. Dans le
premier, l'urine est poussée, même avec force, mais les obstacles
qu'elle rencontre dans l'urètre ou au col vésical l'empêchent de sortir :
dans le second, elle ne sort point parce qu'elle n'est pas poussée. On
avait bien entrevu ce dernier cas, puisqu'on parlait quelquefois d'u-
rine sortie par regorgement ; mais tout était à faire pour réduire ces
notions en corps de doctrine. Sous ce rapport la lithotritie a encore
opéré des changemens dont la pratique journalière atteste l'utilité.

Chez beaucoup de sujets, de tout âge, la vessie ne possède pas assez de contractilité pour se débarrasser de son contenu ; elle ne chasse
que le trop-plein. L'urine, par son séjour prolongé, s'altère, acquiert
une odeur et une couleur différentes de celles qui lui sont ordinaires,
et forme des dépôts. En se prolongeant, cet état d'atonie des parois
vésicales amène la paralysie complète de l'organe, l'hématurie, le catarrhe, symptômes que l'on considère alors comme des maladies spéciales, et auxquels, par suite de cette fausse idée, on oppose des traitemens qui ne réussissent quelquefois que par un concours fortuit de
circonstances.

L'atonie de la vessie se présente souvent aussi chez les calculeux.
C'est là que j'ai commencé à l'étudier, et c'est par l'application de la
lithotritie que j'ai appris à la bien connaître et à la traiter avec
succès.

Lorsque j'avais morcelé le calcul, la vessie ne possédant pas assez
d'énergie pour en expulser les débris, j'étais obligé de recourir aux
injections à grande eau pour entraîner ces débris à travers une
sonde à larges yeux. Bientôt je remarquai que, sous l'influence des
injections, la contractilité vésicale se rétablissait, l'urine reprenait
son cours et ses caractères normaux. Quand le liquide injecté était
froid, il agissait d'une manière plus prononcée et plus prompte. Je fus
conduit naturellement, d'après cela, à appliquer la même méthode
aux cas d'atonie vésicale sans pierre. Les résultats ne furent pas moins
concluans, et je parvins de la sorte à guérir, par un moyen simple

3.

et facile, une foule de malades que la pratique ordinaire avait pour ainsi dire abandonnés.

Le diagnostic n'est pas moins sûr ici que le traitement. Pour reconnaître l'atonie de la vessie, il suffit de sonder le malade immédiatement après qu'il a uriné; la quantité de liquide qui sort par la sonde indique et la nature et le degré de la maladie. Le traitement consiste à aider la vessie à se débarrasser de son contenu, et à ranimer la contractilité de ce viscère par des injections toniques. Dans les cas simples, quand la maladie est peu ancienne, et qu'il n'y a point de lésions organiques, le résultat est certain; souvent même un traitement fort court suffit. Dans les cas plus avancés, avec commencement d'hématurie ou de catarrhe, avec trouble des principales fonctions, il faut plus de temps, et parfois même des moyens variés; mais on finit en général par obtenir la guérison; seulement la vessie reste faible, et il y a nécessité de continuer ou au moins de reprendre de temps en temps l'usage de la sonde et des injections. Dans les cas plus graves encore, constituant la paralysie de vessie, avec incontinence d'urine, hématurie, catarrhe purulent, et grand désordre dans l'état général du sujet, le traitement perd de ses avantages, et il est rare qu'on guérisse complétement; toutefois, on arrête la marche des symptômes généraux, et l'on prévient la résorption de l'urine, ce qui est un résultat important.

Tout ce qui a trait à la stagnation, à la rétention et à l'incontinence d'urine se trouve exposé dans une série de Mémoires que j'ai présentés à l'Académie en 1841 et 1842, et qui sont imprimés dans le troisième volume de mon *Traité pratique*.

V. *Hématurie.* — Pour la plupart des auteurs, l'hématurie est une maladie essentielle. On la traite comme telle par des moyens d'autant plus nombreux que, la plupart étant inutiles, on est chaque jour à la recherche d'un agent plus efficace.

L'hématurie n'étant pas rare chez les calculeux, elle fixa mon attention, comme tout ce qui a rapport à un sujet dont on s'occupe avec activité. Je ne tardai pas à m'apercevoir que le sang, mêlé à l'urine, pouvait provenir de deux causes diamétralement opposées. Tantôt la vessie était appliquée avec force sur le calcul, qui se trouvait pour ainsi dire enchâssé dans le col ; tantôt, au contraire, elle conservait beaucoup d'ampleur, la pierre étant libre et très mobile au fond d'une grande quantité de liquide. Chez un malade, dont la vessie racornie contenait une grosse pierre, et qui ne rendait pas de sang habituellement, le liquide que j'avais injecté sortit sanguinolent. Ce phénomène me frappa d'autant plus qu'ici la présence du sang ne pouvait être rattachée à aucune cause appréciable. Bientôt, cependant, je parvins à me convaincre qu'il suffisait de distendre la vessie avec quelque force, par une injection, pour que le sang parût. En rattachant tous ces faits à ce qu'on observe dans les rétentions prolongées, où l'urine est presque toujours teinte de sang, je fus conduit à reconnaître qu'une distension extrême de la vessie, par une cause quelconque, donnait lieu à une exhalation sanguine par la surface interne du viscère. Ces données, appliquées à la pratique, m'apprirent également que beaucoup d'hématuries, rebelles aux moyens ordinaires, cédaient aussitôt que l'on faisait cesser l'état de distension de la vessie. Dès-lors, le traitement de l'hématurie se trouva singulièrement simplifié, et aussi heureux qu'il était jadis inefficace.

J'ai fait, de l'hématurie, le sujet d'un Mémoire présenté en 1842 à l'Académie, et inséré dans le troisième volume de mon *Traité pratique*.

VI. *Catarrhe vésical.* — Le catarrhe vésical est une maladie très fréquente, surtout chez les vieillards, et fort grave, suivant l'opinion générale. Naguère encore, on la considérait comme inévitablement mortelle, et, la plupart du temps, on se bornait à adoucir les derniers momens de l'existence. Divers praticiens employaient cependant des moyens empiriques que le hasard avait procurés, mais sur l'efficacité desquels on ne pouvait compter, du moins dans la majorité des cas.

Je suivis d'abord les erremens communs. Mais bientôt je reconnus qu'on avait beaucoup exagéré la portée du catarrhe, même purulent, et que cette maladie se rattachait souvent à des états morbides dont l'art triomphe aujourd'hui. J'en vins même à ne plus le considérer comme une contre-indication absolue de la lithotritie, et je m'aperçus qu'en procédant à l'opération, avec beaucoup de ménagement, les phénomènes morbides, au lieu de s'aggraver, allaient en diminuant et finissaient par disparaître. Des moyens analogues de traitement me réussirent aussi dans le catarrhe sans pierre, dépendant d'une atonie vésicale, affection que j'ai rencontrée non-seulement chez les vieillards, mais encore chez les adultes des deux sexes, et même chez des enfans. Je demeurai donc convaincu que, dans la majorité des cas, le catarrhe vésical n'avait pas d'autre cause que le séjour prolongé de l'urine dans son réservoir, et qu'au lieu d'être incurable, comme on le croyait, il était, au contraire, facile à guérir, à l'aide du traitement simple que j'ai indiqué en parlant de la stagnation de l'urine. Cependant il y a des catarrhes vésicaux qui ne dépendent pas de l'atonie de la vessie, et dans lesquels cette méthode n'a plus les mêmes avantages. Mais là aussi les nouveaux moyens d'exploration dont on est redevable à la lithotritie, permettent fort souvent d'arriver à une connaissance précise de la lésion qui entretient le catarrhe, de sorte que si l'on ne parvient pas à guérir ce dernier, on sait du moins à quoi s'en tenir sur sa cause, qui, d'ailleurs, n'est inattaquable que quand on l'a négligée trop long-temps.

VII. *Influence de la lithotritie sur la taille.* — Rien n'a plus contribué que la lithotritie à faire connaître les résultats de la taille. Jusque-là, on avait pratiqué la cystotomie, comme toutes les autres opérations graves, parce qu'il y avait nécessité d'y recourir; on savait bien qu'elle n'était pas sans péril, mais enfin il n'y avait pas moyen de faire mieux, et tout se réduisait à démontrer la supériorité de tel ou tel procédé sur un autre. L'humanité faisait d'ailleurs pour ainsi dire un devoir des réticences; quel malade, en effet, eût voulu se soumettre à la taille, s'il avait su les douleurs qu'elle occasionne, les dangers qui la suivent? Mais quand la lithotritie eut pris rang en chirurgie, on sentit la nécessité de déterminer rigoureusement les résultats de la cystotomie, afin de pouvoir mieux comparer les deux méthodes. Tel fut le but des Recherches de statistique que j'entrepris en 1830, et qui comprennent le plus grand nombre des cas de pierre observés, pendant une période de dix années, dans les différentes parties du globe. J'ai communiqué à l'Académie les résultats de ce long travail, dont un extrait est annexé à mon *Traité de l'affection calculeuse*.

Une masse de 5873 faits de taille, tant anciens que modernes, et représentant tous les âges de la vie, toutes les conditions eu égard au malade, toutes les influences en ce qui concerne l'opération, a donné pour résultat 1221 morts, d'où ressort la proportion de 1 sur 4,81. Si l'on compare ces résultats à ceux que donne la lithotritie, et que j'ai rappelés précédemment, on verra combien la science et l'humanité sont redevables à la nouvelle méthode.

Déjà en 1826, dans un Mémoire lu à l'Académie, et dans mon *Traité de la lithotritie*, j'avais examiné les résultats de la taille, mais d'une manière sommaire seulement.

D'autres questions relatives aux causes de la pierre, à son mode de formation, à ses relations avec les lésions organiques, ont été éclaircies par les faits nombreux que j'ai recueillis. J'en citerai deux exemples.

1° Jusqu'ici, on avait considéré les calculs comme généralement formés de couches régulières superposées, et l'on attribuait une structure très compacte à ceux dans la composition desquels entrent spécialement l'acide urique et l'oxalate de chaux.

J'ai rencontré en effet des calculs d'acide urique et d'oxalate calcaire, à structure lamelleuse, qui sont très durs, très compactes; mais j'ai constaté que ce mode de construction leur est relativement peu ordinaire. Les pierres de cette nature doivent souvent naissance à une agglutination de grains isolés, et ne forment pas de couches régulières, ce qui fait qu'elles sont communément molles, friables et faciles à diviser, à morceler.

On comprend que la connaissance de cette diversité de structure a une haute portée dans la pratique chirurgicale.

2° Les dépôts phosphatiques sont très fréquens dans les concrétions urinaires. Tantôt ils forment des couches distinctes, qui alternent avec d'autres de nature diverse, tantôt ils constituent à eux seuls des masses fort irrégulières. Jusqu'ici, on n'avait pas découvert la cause de cette prédominance, accidentelle ou permanente, des sels phosphatiques. Je remarquai que, chez les calculeux morts de la pierre après avoir long-temps souffert d'une affection catarrhale de la vessie, le calcul, quelle que fût la nature de son centre, était à-peu-près constamment revêtu d'une couche phosphatique plus ou moins épaisse; que, dans l'application de la lithotritie, quand le traitement venait à être suspendu par une circonstance quelconque, et qu'il existait en même temps une phlegmasie de la face interne de la vessie, les fragmens qui restaient dans le viscère se couvraient d'une couche phosphatique, pendant ces interruptions; enfin, que pour ceux des calculeux opérés par la lithotritie ou la cystotomie, chez lesquels la maladie récidivait au bout d'un laps de temps plus ou moins long, et qui avaient conservé une atonie de la vessie, avec catarrhe, les nouveaux calculs étaient constamment phosphatiques. Tous ces faits m'ont permis d'établir que les phlegmasies d'un point quelconque des voies urinaires, influent sur la formation des dépôts phosphatiques dans l'urine. Conclusion féconde en résultats, car elle a appris à prévenir la récidive de la pierre par cause de phlegmasie, qui est la plus fréquente de toutes.

Ce qu'on n'avait surtout pas prévu, c'est que la lithotritie fournirait aussi des moyens propres à rendre la cystotomie plus efficace, et qu'elle ferait disparaître des obstacles qui rendent cette opération ou inutile, ou du moins plus dangereuse encore qu'elle ne l'est déjà par elle-même. Il n'est pas rare de trouver, chez les calculeux, au col de la vessie, des tumeurs qui opposent de grandes difficultés à la recherche de la pierre par les tenettes, quand on a recours à la taille périnéale, et qui sont cause que d'habiles opérateurs ont plus d'une fois laissé le calcul dans la vessie, ou l'un des calculs, lorsque l'organe en contenait plusieurs. J'ai fait disparaître ce grave inconvénient, en donnant au malade, pendant l'opération, une situation telle que la pierre soit déjetée plus en arrière, et en imprimant aux instrumens explorateurs, même aux tenettes, une courbure qui permet de les retourner en bas vers le rectum, pour aller saisir le corps étranger derrière la tumeur, et le déplacer au besoin. D'autres modifications encore m'ont été suggérées par l'étude et la pratique de la lithotritie. Je les ai fait connaître dans deux Mémoires adressés à l'Académie de médecine en 1826, et à l'Académie des sciences en 1830; un long extrait en a paru, en 1836, dans mon *Parallèle des divers moyens de traiter les calculeux.*

Le résultat définitif des nouvelles recherches eu égard à la cystotomie, a été de mieux déterminer les cas dans lesquels cette opération est encore nécessaire, et de mieux faire apprécier les circonstances qui réclament un procédé plutôt qu'un autre. Sous ce rapport, la lithotritie a puissamment contribué à faire disparaître en partie le vague qui régnait encore dans cette branche de la chirurgie.

§ III.

Une grande pratique dans une cité populeuse fait passer en peu de temps sous les yeux de l'observateur attentif un tableau à-peu-près complet des infirmités humaines. En se déroulant devant moi, ce tableau m'a laissé apercevoir des imperfections et des lacunes, tant dans la théorie que dans la pratique. De même qu'en ce qui concerne les maladies de l'appareil génito-urinaire, je ne tardai pas à être frappé de la divergence des opinions émises à l'égard des faits qui semblaient cependant ne point comporter plusieurs modes d'interprétation. Je reconnus aussi que le diagnostic manquait souvent de base solide, et qu'en partant d'observations incomplètes, de suppositions gratuites, on avait, sous bien des rapports, substitué la vraisemblance à la réalité, et l'erreur à la vérité. Dès-lors, je formai le projet d'appliquer aux maladies des autres organes les méthodes d'investigation et de traitement dont j'avais retiré de si grands avantages dans celles qui avaient fait le principal sujet de mes études. Le temps m'a manqué jusqu'ici pour compléter le long travail que j'ai entrepris ; cependant il est quelques points sur lesquels j'ai déjà appelé l'attention des praticiens, et que je signalerai ici :

1° Quoique les tumeurs qui se développent dans la cavité abdominale aient été étudiées avec beaucoup de soin depuis Hunter, leur histoire laisse encore beaucoup à désirer.

Sous le point de vue de l'étiologie, on ne tient pas assez généralement compte de l'état morbide des tissus voisins, et si les ressources de la thérapeutique demeurent ordinairement sans effet, c'est parce qu'on les dirige à-peu-près exclusivement contre la lésion consécutive, dont il ne faut pas espérer la cessation, tant que durera le travail anormal qui l'entretient. En étudiant avec soin les phlegmasies des surfaces muqueuses, en les combattant par les moyens appropriés, on peut souvent prévenir le développement des tumeurs glandulaires et autres, ou les rendre, pour ainsi dire, stationnaires. Il y a des malades que je traite ainsi depuis plus de douze ans pour des engorgemens glandulaires, dont la marche, d'abord assez rapide, avait fait craindre une issue promptement funeste.

Eu égard au diagnostic, je ne crains pas de dire que l'art est encore fort arriéré. Il me suffira de rappeler quelques faits dont j'ai déjà publié les détails, pour prouver que les tumeurs du foie, par exemple, qui sont les plus faciles de toutes à reconnaître, donnent lieu chaque jour à des méprises. Tel fut le cas entre autres d'un malade dont j'ai parlé dans mon *Traité de l'affection calculeuse* : les praticiens les plus habiles avaient diagnostiqué une tumeur du foie, et l'autopsie fit voir qu'il y avait une lésion rénale. Dans mille autres circonstances analogues, l'anatomie pathologique a révélé de semblables méprises, qu'on aurait évitées en s'entourant des précautions que j'ai indiquées.

Dans un travail sur les tumeurs abdominales, dont je réunis les matériaux depuis plusieurs années, et dont j'ai présenté un aperçu à l'Académie, en 1832, je démontrerai que ces tumeurs, si variables par leur nature, leur volume, leur consistance, leur situation, peuvent être reconnues avec plus de précision qu'on ne le fait ordinairement; que divers moyens explorateurs trop négligés, l'acupuncture, par exemple, fournissent des renseignemens d'une grande valeur, et qu'on retire surtout beaucoup d'avantage de la méthode d'élimination, qui à-la-fois aide et contrôle les autres ressources du diagnostic.

Quant au traitement, si je n'ai pas découvert de nouveaux moyens, je suis du moins arrivé à faire une application plus utile de ceux qui étaient déjà connus. C'est ce que constatent et un cas remarquable dont j'ai présenté la relation à l'Académie, en 1832, et d'autres que j'ai publiés dans mes ouvrages sur les maladies des voies urinaires.

2° Il est d'autres parties de la chirurgie dans lesquelles j'ai fait aussi un heureux emploi de ma méthode d'observation et d'exploration. Je citerai spécialement les collections purulentes qui se forment dans différentes parties du corps, en coïncidence avec des maladies des organes internes. On avait déjà remarqué que l'urétrite et l'hystérie s'accompagnaient parfois de douleurs dans les membres, ou de gonflement aux articulations. J'ai eu occasion d'observer des faits nombreux et décisifs qui ont mis en évidence des connexions jusqu'alors à peine entrevues. De vastes abcès à l'épaule, aux jambes, aux pieds, dans les articulations fémoro-tibiale et tibio-tarsienne, se sont offerts à moi, et m'ont conduit à rechercher la corrélation existante entre ces phénomènes secondaires et les maladies internes dont ils sont une conséquence. Ces abcès diffèrent beaucoup de tous les autres par leur marche insolite, leur gravité et leur terminaison trop souvent funeste. Ils réclament des moyens spéciaux de traitement que j'ai fait connaître. Mes observations ont comblé en partie une des plus grandes lacunes de l'histoire des collections purulentes.

3° J'ai constaté que certaines douleurs à la plante des pieds, et à la face interne des jambes, qu'on avait considérées comme idiopathiques, et qu'on avait inutilement cherché à combattre, dépendaient d'un état habituel de plénitude de la vessie. Dès-lors, il m'a été

4

facile d'en obtenir la guérison. Ces douleurs sont d'ailleurs un symptôme important, qui avait échappé à l'observation de mes prédécesseurs.

Les taches dont la peau se couvre parfois, et qu'on appelle scorbutiques, à cause de leur ressemblance avec celles que produit le scorbut, présentent de nombreuses variétés. On parvient assez rarement à découvrir l'affection interne à laquelle elles se rattachent, et en conséquence on prescrit de longs traitemens qui demeurent sans effet. Plusieurs faits consignés dans mes ouvrages ont établi une connexion entre ces taches et diverses maladies des organes intérieurs, ce qui permet d'éviter des erreurs de diagnostic et de recourir à des moyens curatifs plus efficaces.

4° Tous les praticiens savent combien les signes diagnostiques fournis par l'état de la langue et les modifications du sens du goût ont de valeur. Cependant nos connaissances à cet égard ne sont pas complètes. J'ai constaté, par exemple, qu'une certaine blancheur de la langue, présentée comme indice d'une maladie de l'estomac et des intestins, était un des caractères les plus saillans d'une phlegmasie grave de l'appareil urinaire, et que sa coloration en brun, avec perte ou dépravation du goût, qu'on dit être propre aux fièvres typhoïdes, dépendait souvent d'une altération profonde de la prostate.

Mes travaux sur l'affection calculeuse ont été successivement consignés dans les écrits suivans :

1° Mémoire adressé en 1818 à la société de la Faculté de Médecine de Paris, intitulé : *Quelques détails sur un lithontriptique;*

2° Mémoire sur le même sujet, présenté en 1824 à l'Académie des sciences, intitulé : *Nouveau moyen de détruire la pierre dans la vessie sans l'opération de la taille;*

Ce mémoire est le développement de celui qui précède. J'y ai donné un exposé sommaire des recherches et des expériences auxquelles je m'étais livré pendant six années, dans le but de développer, de perfectionner mon appareil instrumental et mon procédé opératoire pour le broiement de la pierre. Le premier mémoire avait été présenté à la Faculté de médecine, où Chaussier et Percy, siégeant comme professeurs, furent chargés de l'examiner. Les mêmes Commissaires furent désignés par l'Académie des sciences pour prendre connaissance du second. Ils avaient ainsi, entre les mains, et l'exposé de mon point de départ, et celui de mes expériences préliminaires ; les opérations sur l'homme dont je les rendis témoins servirent de complément. C'est d'après tous ces documens réunis qu'ils rédigèrent le Rapport adopté par l'Académie, le 22 mars 1824.

3° Mémoire présenté à l'Académie des sciences, en février 1825 ; *Pièces d'observations*, faisant suite au Mémoire précédent ;

4° Mémoire lu à l'Académie des sciences, en août et septembre 1825, sous ce titre : *De la lithotritie*, exposé de la théorie et de l'application de cette méthode ;

5° *Notice sur quelques modifications de la cystotomie*, lue à l'Académie de médecine, janvier 1826 ;

6° Mémoire *Sur les résultats obtenus par la lithotritie, et sur la reproduction de l'affection calculeuse*, lu à l'Institut, en février 1828 ;

7° *Remarques sur le Rapport de la Commission des prix Montyon* présenté à l'Institut, en juillet 1828 ;

8° *Remarques sur la cystotomie hypogastrique*, lues à l'Institut, en août 1830 ;

9° Mémoire *Sur les calculs dans l'urètre*, lu à l'Académie de médecine, en septembre 1830 ;

10° *Premier Compte-rendu du service des calculeux*, lu à l'Institut, en janvier 1831 ;

11° *Note sur un cas de chirurgie très compliqué*, lue à l'Institut, en janvier 1832 ;

12° *Deuxième Compte-rendu du service des calculeux*, lu à l'Institut, en août 1832 ;

13° *Recherches de statistique sur l'affection calculeuse*, lues à l'Institut, en août et septembre 1833 ;

14° *Quelques remarques sur la lithotritie*, Mémoire lu à l'Académie de médecine, en août et septembre 1833;

15° *Sur l'expulsion spontanée des calculs urinaires*, Mémoire présenté à l'Institut, en août 1836;

16° *Sur les noyaux de diverse nature qui servent de base aux calculs urinaires*, Mémoire présenté à l'Institut, en août 1838;

17° *Sur les calculs de cystine*, Mémoire présenté à l'Institut, en juin 1838;

18° *Remarques sur le traitement médical de la pierre et de la gravelle*, Mémoire présenté à l'Institut, en juillet 1839;

19° *De la lithotritie, ou broiement de la pierre dans la vessie*, 1 vol. in-8°, avec planches, 1827; traduit en langue allemande par M. E. Græfe;

20° *Lettres sur le même sujet*, n°° 1, 2, 3, 4 et 5, 1827, 1828, 1831, 1833, 1837, 1 vol. in-8°, avec planches;

21° *Parallèle des divers moyens de traiter les calculeux*, 1 vol. in-8, avec planches, 1836; traduit en langue allemande par M. E. Græfe;

22° *Traité de l'affection calculeuse*, 1 vol. in-8°, avec planches, 1838;

23° *Du traitement médical et préservatif de la pierre et de la gravelle*, 1 vol. in-8°, 1840; traduit en langue anglaise, par M. H. Smith, de Philadelphie; et en langue allemande par M. L. Hollstein;

Mes travaux sur les maladies de l'appareil urinaire sont insérés dans le :

24° *Traité pratique sur les maladies des organes génito-urinaires*. Paris, 1837, 1841 et 1842, 3 vol. in-8°. — 2° édition du premier volume. Paris, 1842, in-8°; traduit en langue allemande, par M. Landmann, de Wurzburg.

Paris, janvier 1842.

IMPRIMÉ CHEZ PAUL RENOUARD,
rue Garancière, n. 5.

www.ingramcontent.com/pod-product-compliance
Ingram Content Group UK Ltd.
Pitfield, Milton Keynes, MK11 3LW, UK
UKHW022321170726
13837UKWH00005BA/2106